BEI GRIN MACHT SICH IHR WISSEN BEZAHLT

- Wir veröffentlichen Ihre Hausarbeit, Bachelor- und Masterarbeit

- Ihr eigenes eBook und Buch - weltweit in allen wichtigen Shops

- Verdienen Sie an jedem Verkauf

Jetzt bei www.GRIN.com hochladen und kostenlos publizieren

Bibliografische Information der Deutschen Nationalbibliothek:

Die Deutsche Bibliothek verzeichnet diese Publikation in der Deutschen Nationalbibliografie; detaillierte bibliografische Daten sind im Internet über http://dnb.d-nb.de/ abrufbar.

Dieses Werk sowie alle darin enthaltenen einzelnen Beiträge und Abbildungen sind urheberrechtlich geschützt. Jede Verwertung, die nicht ausdrücklich vom Urheberrechtsschutz zugelassen ist, bedarf der vorherigen Zustimmung des Verlages. Das gilt insbesondere für Vervielfältigungen, Bearbeitungen, Übersetzungen, Mikroverfilmungen, Auswertungen durch Datenbanken und für die Einspeicherung und Verarbeitung in elektronische Systeme. Alle Rechte, auch die des auszugsweisen Nachdrucks, der fotomechanischen Wiedergabe (einschließlich Mikrokopie) sowie der Auswertung durch Datenbanken oder ähnliche Einrichtungen, vorbehalten.

Impressum:

Copyright © 2017 GRIN Verlag
Druck und Bindung: Books on Demand GmbH, Norderstedt Germany
ISBN: 9783668643871

Dieses Buch bei GRIN:

https://www.grin.com/document/413373

Anna Movsovic

Handeln durch Sprache

GRIN Verlag

GRIN - Your knowledge has value

Der GRIN Verlag publiziert seit 1998 wissenschaftliche Arbeiten von Studenten, Hochschullehrern und anderen Akademikern als eBook und gedrucktes Buch. Die Verlagswebsite www.grin.com ist die ideale Plattform zur Veröffentlichung von Hausarbeiten, Abschlussarbeiten, wissenschaftlichen Aufsätzen, Dissertationen und Fachbüchern.

Besuchen Sie uns im Internet:

http://www.grin.com/

http://www.facebook.com/grincom

http://www.twitter.com/grin_com

Anna Movsovic

Handeln durch Sprache

Inhalt

1. **Einleitung** — 1
2. **Sprechakttheorie** — 1
   - 2.1 J. L. Austin und J. R. Searle: Theorie der Sprechakte — 1
   - 2.2 Definition und Beispiele der vier Teilakte der Sprechhandlung — 2
     - 2.2.1 Lokution — 3
     - 2.2.2 Proposition — 4
     - 2.2.3 Illokution — 5
     - 2.2.4 Perlokution — 6
3. **Die unterschiedlichen Interpretationen in verschiedenen Kommunikationssituationen** — 7
   - 3.1 Sprachmittel als Veränderungshebel in der Bedeutung — 7
   - 3.2 Der kurze Satz „Der Hund ist bissig" als Beitrag zum Thema — 8
4. **Schlusswort** — 9
5. **Literaturverzeichnis** — 10

1. Einleitung

„Worte sind eine Brücke zwischen Außen und Innen. Jedes Wort ist ein Bestandteil eines doppelten Übersetzungsvorgangs zwischen Sprechern und Zuhörern."[1] Wort und Bild repräsentieren zwei Pole unseres Lebens. Unser Bild-Erleben spielt sich auf eine ganz andere Weise ab als unsere Reaktion auf Worte und Begriffe. Die menschliche Sprache ist eine wichtige Grundlage der Kommunikation, die wirklich hilft, Informationen auszutauschen, Fakten zu analysieren und Sachverhalte zu klären. Sie kann nicht nur Phantasie und Kreativität wecken, sondern auch innere Bilder hervorrufen, sodass die Gesprächspartner einen roten Faden finden, der den Weg zur Freude am gesprochenen Wort zeigt. Viele Linguisten sind zu der Auffassung gekommen, dass die Sprache viel leisten kann und Spuren hinterlässt, die neue Handlungen und Ereignisse anregen.[2]

Dabei stellen sich folgende Fragen: Was bedeutet das Handeln durch Sprache? Welchen Zweck haben die Äußerungen der Sprachhandlung und wie wird dieser Zweck erfüllt?

Das Ziel der vorliegenden Arbeit ist es herauszufinden, welche wesentlichen Eigenschaften die Sprachtheorie hat und in welche Teilakte eine Sprechhandlung unterteilt werden kann. Zuerst wird dargestellt, wie die Sprechakttheorie entstanden ist und weiterentwickelt wurde. Darauf aufbauend zeige ich anhand konkreter Beispiele, wie diese Beiträge der vier Teilakte zum Erfolg einer Sprechhandlung führen. Anschließend wird untersucht, wie gleiche Sätze unterschiedlich interpretiert werden können.

2. Sprechakttheorie
2.1 J. L. Austin und J. R. Searle: Theorie der Sprechakte

Der Amerikaner John Langshaw Austin (1911-1960) entwickelte die sprachphilosophische Theorie der Sprechakte, die aus Vorstellungen über die Unterscheidung zwischen Behauptungen und „explizit performativen Äußerungen" entstehen. Seiner Meinung nach, die in den Vorlesungen von „How to do things with words" vorgestellt wurde, besteht die Bedeutung von sprachlichen Ausdrücken in ihrem Gebrauch; verschieden gebrauchte Äußerungen haben

---

[1] Gerndt, C. C. (2011), S. 73
[2] Vgl. Gerndt, C. C. (2011), S. 7-8

verschiedene Bedeutungen.³ Zu diesen Äußerungen gehören Berichte, Vermutungen, Behauptungen, Voraussagungen, Feststellungen, Mitteilungen, Bezeugungen, Zweifel usw. auf der einen Seite und die Inhalte solcher Äußerungen, die Sachverhalte, um die es in ihnen geht, auf der anderen Seite. Augustin hat sofort die Theorie der Sprechakte angewandt, obwohl er noch dabei war, sie weiter auszuarbeiten. Es ist Austins Untersuchung der Voraussetzungen, unter denen ein Mensch Wissen beanspruchen kann. Er vertieft sich in die Frage, was wir über Gefühle, Haltungen, Gedanken und Absichten anderer wissen können. Trotz aller skeptischen Haltungen, die er als „other minds" bezeichnete, hat Austin es tatsächlich geschafft, die philosophischen Ergebnisse aus der Untersuchung der Sprache und des Sprachverhaltens zu eruieren und damit zu beweisen, dass jedes Wort ein machtvolles Instrument sowohl zum Aufbau als auch zur Zerstörung des Lebens ist.

Parallel zu J. L. Austin arbeitete der amerikanische Philosoph John Rogers Searle (geb. am 31.06.1932) an der Verbindung zwischen seiner Sprachphilosophie und der Philosophie des Geistes und entwickelte die klassische Theorie der Sprechakte. Seiner Auffassung zufolge besteht die Interaktion aus Geist und Gehirn, die ein hochstufiges Phänomen des biologischen Systems darstellt.⁴ Er stellte die Hypothese auf, dass „das Sprechen einer Sprache eine {...} Form internationalen Verhaltens ist."⁵ Im Rahmen dieser Sprechakte geht es folglich darum, welche Gefühle von diesen Äußerungen hervorgerufen werden. Sein sprachphilosophisches Hauptwerk „Speech Acts" wirkte sich weit in die Linguistik hinein.

In den 1960er Jahren wurde Austins Sprechakttheorie weiterentwickelt und im Bezug auf das Erreichen der gewünschten Kommunikationsziele erweitert.⁶

2.2 Definition und Beispiele der vier Teilakte einer Sprechhandlung

Das Tätigen einer Äußerung wird im Rahmen der Sprechakttheorie untersucht und es wird dabei zwischen vier Teilakten unterschieden. Ihre charakteristischen Merkmale werden in den folgenden Definitionen erläutert und anhand konkreter Beispiele dargestellt.

---

[3] Vgl. Austin, J. L. (1979), S. 7
[4] Vgl. Austin, J. L. (1979), S. 16-19
[5] Eckard, R. (2009), S. 34
[6] Vgl. Austin, J.L. (1979), S. 20

2.2.1 Lokution

Lokution bezeichnet sprachliches Handeln als Äußerungsakt, Redestil und Ausdrucksweise. „Die Handlung kann auf andere Weise als mit der performativen Äußerung vollzogen werden. {...}."[7] Die Worte bleiben bloß als ein äußeres und sichtbares Zeichen eines inneren geistigen Aktes und gehören nur noch zu den kleinen Schritten auf dem Weg der unbewussten Annahme.

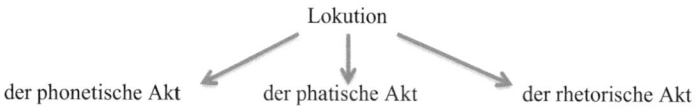

der phonetische Akt   der phatische Akt   der rhetorische Akt

Abb. 1

Lokution unterteilt sich in drei verschiedene Akten. Der phonetische Akt umfasst die Äußerungen von bestimmten Vokalen und Konsonanten[8], wie z.B. „Der ganze Arm schmerzt, und der Arzt hat nur Tabletten gegeben. Ich habe mich nur gefragt, ob die Narbe nicht ein bisschen {...}.[9] Der ganze Schmerz und das Leiden werden durch das Hervorbringen des Vokals „a" dargestellt.

Der phatische Akt dient der korrekten Verwendung der Vokale sowie der Grammatik der Sprache.[10] „Wie war Dublin?" „Hektisch, stressig."[11] Das „Adjektiv" wird in diesem Fall als am ausdruckskräftigsten verwendet.

„Du hättest dort sein müssen. Du hättest hören müssen, was sie gesagt hat."[12] Die Verwendung des Konjunktivs II zeigt einen Wunsch, der zurzeit nicht durchführbar ist.

„Nur damit ich Bescheid weiß – heißt „später - heute Abend?"[13] Das Darstellen durch das Wort in Anführungszeichen soll den Zuhörer noch einmal auf den Zeitpunkt des Geschehens hinweisen.

Der rhetische Akt ermöglicht durch die Referenz und die Prädikation, welche gemeinsame Bedeutung erfasst werden kann.[14]

---

[7] Eckard, R. 2009), S. 186
[8] Vgl. Wunderlich, D. (1976), S. 211
[9] Moyes, J. (2006), S. 57
[10] Vgl. Austin, J. L. (1979), S. 33
[11] Moyes, J. (2006), S. 363-364
[12] Moyes, J. (2006), S. 470
[13] Moyes, J. (2006), S. 393

„Und woher kommt jetzt das große Geld, alter Junge? Doch nicht vom Handel mit feuerfesten Tischdecken?"[15]

Bestimmte ironische Vokabeln „alter Junge" (der phatische Akt) und die Wiederholung des Vokales „o" (der phonetische Akt) äußern sich über die Lügen, die dem Zuhörer erzählt werden, und sollen ihn dazu bringen, die Wahrheit zu sagen (der rhetische Akt).

2.2.2 Proposition

Mit dem Ausdruck „Proposition" bezeichnet man in der Linguistik den Inhalt, der mit einem Satz in einem bestimmten Kontext ausgesagt wird. Die Proposition besteht darin, dass man sich auf etwas bezieht und darüber etwas aussagt.[16] Während der Äußerung wird z.B. über eine Person ausgesagt:

„Sie hatte es immer vorgezogen, ihre Energie auf die Arbeit, auf substanziellere Leistungen zu konzentrieren."[17]

Die Proposition kann in verschiedenen sprachlichen Formen, Fragen und Befehlen verstanden werden, sie kann ebenso gut von wirklichen wie von möglichen und gedachten Sachverhalten handeln, dabei nehmen die Aussagen über Möglichkeiten ebenfalls Wahrheitswerte an. Zum propositionalen Gehalt eines Satzes zählen die Aspekte einer Satzbedeutung, die bestätigt oder bestritten werden können. „Ich weiß schon, dass ich dich kenne."[18] Der Satz beschreibt den Aspekt, der einseitig bestätigt wird.

„Ich mag den Kerl, aber ich bin mir einfach nicht sicher, ob ich es sechs Monate mit ihm aushalte." So lange willst du wegbleiben?"[19] Der erste Satz stellt die Zweifel der Person dar. Der zweite Satz, die Antwort des Zuhörers, klingt wie eine Frage mit der Antwortintension.

---

[14] Vgl. Ernst, P. (2004), S. 92
[15] Moyes, J. (2006), S. 64
[16] Vgl. Ernst, P. (2004), S. 97
[17] Moyes, J. (2006), S. 154
[18] Moyes, J. (2006), S. 57
[19] Moyes, J. (2006), S. 469

Anna Movsovic

2.2.3 Illokution

Illokution ist ein Fachbegriff der linguistischen Pragmatik, der den eigentlichen Zweck eines Sprechaktes bezeichnet, wie z.b. eine Überzeugung, einen Wunsch, eine Empfehlung, eine Warnung, eine Absicht oder eine Emotion. Illokutionärer Akt bezeichnet den eigentlichen Zweck eines Sprechaktes: die Absicht des Sprechers auszudrücken. John Searle unterscheidet 5 Arten der Illokution:

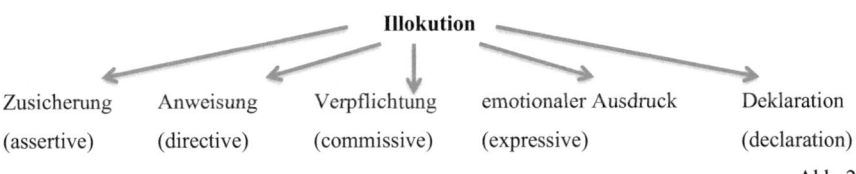

Zusicherung	Anweisung	Verpflichtung	emotionaler Ausdruck	Deklaration
(assertive)	(directive)	(commissive)	(expressive)	(declaration)

Abb. 2

Die Absicht der Illokution der Zusicherung ist die Kommunikation einer Überzeugung, indem etwas beschrieben, erläutert, bestätigt oder bestritten wird.[20]
„Ich dachte, wir fahren diesmal mit dem Wagen hin, nur wir beide".[21] Dieser Satz zeigt die Überzeugung des Sprechers, die möglicherweise das Vollziehen einer bestimmten Handlung ankündigt.
Die Illokution der Ankündigung bewegt den Hörer dazu, etwas zu tun. Der Sprecher hat die Absicht zu fragen, zu bitten, zu erflehen oder zu befehlen.[22]
„Und jetzt gehe zurück in deine Wohnung, weck ihn auf und hab verrückten, heißen, animalischen Sex mit ihm {...}"[23] Die Ankündigung des Sprechers klingt wie eine geplante Handlung.
Bei der Illokution der Verpflichtung drückt der Sprecher eine Absicht aus, in der Zukunft etwas freiwillig zu tun. Dabei verpflichtet er sich, garantiert oder verspricht etwas.[24]

---

[20] Vgl. Ernst, P. (2004), S. 97-98
[21] Moyes, J. (2006), S. 47
[22] Vgl. Ernst, P. (2004), S. 49-50
[23] Moyes, J. (2006), S. 475
[24] Vgl. Ernst, P. (2004), S. 98

„Ich würde Sie gerne in einer Woche wiedersehen, damit ich die Handlung Ihres Amtes überprüfen kann."[25] Die Patientin verpflichtet sich, freiwillig ihren behandelnden Arzt zu besuchen und drückt ihre Absicht ziemlich abstrakt aus.

Der emotionale Ausdruck stellt den Selbstzweck in den Vordergrund. Dazu gehören. Danksagungen, Entschuldigungen, Beileidbekundungen usw.[26]

„Ich danke dir von ganzem Herzen, aber jetzt muss ich selbst durch."[27] Der Sprecher ist dem Zuhörer dankbar für die Teilnahme an seinem Schicksal, obwohl diese Danksagung ziemlich flüchtig klingt.

Deklaration ist, wenn der Sprecher sagt, was der Fall ist.[28]

„Das Treffen ist auf Donnerstag verlegt worden."[29] Die Äußerung stellt die Verlegung der Sitzung fest.

„Ab jetzt stell dich auf Krieg ein."[30] Der Sprecher erklärt seinem Zuhörer den Krieg.

2.2.4 Perlokution

Perlokutiver Akt ist ein Begriff aus der Sprechakttheorie, der auf die Wirkungsaspekte des Sprechaktes Bezug nimmt.

Im Gegensatz zu Illokution, die das Ergebnis einer Sprechhandlung ausdrückt, ist Perlokution die Folge einer Sprechhandlung, die sich an den Vollzug anschließt.[31]

„Denk nicht darüber nach, Liebes {...}. Es war alles {...} furchtbar aufregend."[32] Der Sprecher will seinen Zuhörer davon abbringen, über etwas nachzudenken.

„Natürlich wusste damals niemand etwas über Asbest. Wir hielten das für ein wunderbares Material. Festzustellen, dass Laurence's Firma so viele Menschenleben zerstört hatte, war ein furchtbarer Schock. Deshalb hatte ich eine Stiftung gegründet als er starb. Um den Opfern zu helfen."[33] Der Sprecher versucht das Gefühl der Gerechtigkeit zu erzielen und rechtfertigt damit seine Handlungen, er zeigt seine Teilnahme und Hilfsbereitschaft.

---

[25] Moyes, J. (2006), S. 40
[26] Vgl. Ernst, P. (2004), S. 99
[27] Moyes, J. (2006), S. 103
[28] Vgl. Ernst, P. (2004), S. 100
[29] Moyes, J. (2006), S. 164
[30] Moyes, J. (2006), S. 411
[31] Vgl. Ernst, P. (2004), S. 104
[32] Moyes, J. (2006), S. 37
[33] Moyes, J. (2006), S. 433

„Ruhe dich aus! Du solltest im Bett bleiben! Und ich bringe dir Kaffee ans Bett."[34]
Hier sollte unbedingt erwähnt werden, dass nicht alle Äußerungen oder Sprechhandlungen eindeutig zu bestimmten Klassen zugeordnet werden können.

3. Die unterschiedlichen Interpretationen in verschiedenen Kommunikationssituationen

Die Regeln, denen Sprechakte zugrunde liegen, sind sog. konstruktive Regeln (im Gegensatz zu sog. regulativen Regeln), ähnlich etwa wie die Spielregeln eines Spiels. Aus einem Versprechen kann eine Verpflichtung entstehen. Der illokutionäre Akt kann auf verschiedene Weise angezeigt werden.

3.1 Sprachmittel als Veränderungshebel in der Bedeutung

Syntaktische Mittel können die Bedeutung eines Satzes verändern, z.b. die Frage „Regnet es?" hat eine Antwortintension. Der Satz „Hoffentlich regnet es" hat eine Wunschintension, die sich beim Satz „Es regnet" um die Überzeugungsintension umwandelt. Diese Beispiele zeigen, wie das Erzielen einer Wirkung über den illokutionären Akt hinausgeht und dass eine Äußerung in verschiedenen Kommunikationssituationen unterschiedlich interpretiert werden kann.
J.S. Austin vermutete, dass historisch, im Laufe der Sprechentwicklung, die explizit performative Äußerung später entstanden ist als die primäre Äußerung, z.B. die primäre Äußerung „Ich werde da sein" bringt den Zuhörer dazu zu fragen: „Ist das ein Versprechen?" Möglicherweise bekommt man die Antwort „Ja" oder „Ja, ich verspreche es." Genauso gut hätte die Antwort aber sein können: „Nein, aber ich habe es vor." Die explizit performative Äußerung: „Ich verspreche, dass ich da sein werde" mit dem Verb in der 1. Person Singular Indikativ Präsens Aktiv, dem ein „dass" folgt, weist besondere Gunst auf und deutet auf die feste Entschlossenheit hin, die bei der primären Äußerung „Ich werde da sein" eindeutig fehlt.[35]
Die Benutzung des Imperatives wird außerordentlich häufig als Sprachmittel verwendet und wird damit zum Befehl: „Mach sie zu!" ähnelt der performativen Äußerung „Ich empfehle dir, sie zuzumachen!" Das Hilfsverb im gleichen Satz „Du darfst sie zumachen" ähnelt der performativen Äußerung „Ich erlaube dir, dass du sie zumachst."

---

[34] Moyes, J. (2006), S. 476
[35] Vgl. Austin, J. L. (1979), S. 89-92

Anna Movsovic

Die verfeinerten Mittel der Regieanweisungen: die Betonung, Adverbien und adverbiale Bestimmungen, Konjunktionen lassen unterschiedliche Gefühle hervorrufen und die Texte verschieden interpretieren. Oft bleiben die Äußerungen in der primären Bedeutung mehrdeutig. Aber die Sprache hat erst später die ausdrückliche Unterscheidung der verschiedenartigen Rollen, welche die Äußerungen spielen können, entwickelt, und damit hat sie großen Erfolg erreicht.[36]

3.2 „Der Hund ist bissig" als Beitrag zum Thema

Der kurze Satz „Der Hund ist bissig" kann auch unterschiedlich interpretiert werden, z.B.

1. als Schild mit der Bedeutung „Vorsicht!" Ein bissiger Hund bringt immer ein hohes Gefahrenpotential und dabei erfüllt der obengenannte Satz den Zweck der Illokution und übernimmt die Funktion der Warnung.
2. Als eine effektive Alarmanlage im Haus, weil den aufmerksamen Ohren des bissigen Hundes nichts entgeht. Und derjenige, der vorhat ins Haus einzubrechen, soll sich vorstellen, wie schmerzhaft es sein könnte, wenn er vor dem gefährlichen Tier zähnefletschend verfolgt und gebissen wird. Er kann sogar im Voraus die Schmerzen wahrnehmen und es versetzt ihn in Angst. Der Satz erzielt die Wirkung „Fremde sollen weg vom Haus bleiben" in seinem perlokutionären Sprechakt des Abbringens.
3. Das Traumsymbol „bissiger Hund" symbolisiert eine schwierige Situation, innere Unruhe, Eifersucht und sogar finanzielle Verluste. Die psychologische Deutung des Traumsymbols „bissiger Hund" weist darauf hin, dass das Seelenleben in Unordnung geraten ist. Wenn Menschen von Hunden träumen, widerspiegelt dies die hundeähnlichen Charakterzüge des träumenden Menschen.

---

[36] Vgl. Austin, J. (1979), S. 95-96

4. Schlusswort

Aus dieser Arbeit ziehe ich persönlich den Schluss, dass es sich rentiert, das Thema „Handeln durch Sprache" zu bearbeiten. „Wer erzählt, kann andere mitreißen und inspirieren. Wer erzählt, schafft einen Raum, in dem eine Geschichte für sich selbst spricht."[37] Insgesamt kann festgestellt werden, dass jede Sprechhandlung in bestimmten Situationen das gewünschte Kommunikationsziel erreichen kann. Anhand der Beispiele ist klargeworden, wie man sich von dem, was er hört oder liest, seine eigene Vorstellung und Assoziation verschafft.

„Handeln durch Sprache" gelingt nur dann, wenn eine bewusst gestaltete Erzählkultur entsteht, die Kontakt und Nähe zwischen den Menschen schafft. Ich habe in meiner Arbeit besondere Akzente daraufgesetzt, Äußerungen von Menschen in sich und um sich herum zu entdecken.

Ich halte für schwierig, im Rahmen der vorliegenden Arbeit dieses Thema umfassend zu erklären und darüber zu diskutieren, weil dann diese Arbeit die Vorgabe von maximal zwölf Seiten sprengen würde. Je mehr griffige Beispiele ich anführe, desto klarer wird dem Leser das Thema, andererseits wird meine Ausarbeitung dann wirklich zu umfangreich. Aber ich möchte gerne an diesem Thema dranbleiben, um herauszufinden, wie aufregend, unterhaltsam und sinnstiftend die Sprache sein kann, wie einzigartig das Handeln durch Sprache entsteht und was danach erfolgt.

---

[37] Gerndt, C. C. (2011), S. 17

Anna Movsovic

Literaturverzeichnis

1. Austin, J. L. (1979): Zur Theorie der Sprechakte (How to do things with Words), Stuttgart, 1979

2. Eckard, R. (2009): Der andere Austin. Zur Rekonstruktion / Dekonstruktion performativer Äußerungen, Bielefeld, 2009.

3. Ernst, P. (2004): Germanisches Sprachwissenschaft, Wien, 2004.

4. Gerndt, C.C. (2011): Der Hund im Kühlschrank, München, 2011.

5. Moyes, J. (2006): Eine Handvoll Worte, 22. Auflage, Hamburg, 2006.

6. Wunderlich, D. (1976): Studien zur Sprechakttheorie, Frankfurt am Main, 1976.

BEI GRIN MACHT SICH IHR WISSEN BEZAHLT

- Wir veröffentlichen Ihre Hausarbeit, Bachelor- und Masterarbeit

- Ihr eigenes eBook und Buch - weltweit in allen wichtigen Shops

- Verdienen Sie an jedem Verkauf

Jetzt bei www.GRIN.com hochladen und kostenlos publizieren